编委会

主　编：王学东　侍　鹏

副主编：周柏柯　张爱球

编　委：钟武斌　朱明辉　韩紫书　邵慧玲
　　　　　章　帅　匡　京　蔡戎凤　王志宇
　　　　　顾王超　冯　娟　平　亮　王　绒
　　　　　王曦墨　徐国娇　孙　艳　朱丝雨
　　　　　陈　琛

序　言

　　税法是我国法律体系的重要组成部分，是国家依法征税和纳税人依法纳税的行为准则。青少年是祖国的未来、民族的希望。国家税务总局和教育部在《关于加强青少年学生税法宣传教育的通知》中明确指出，要促进青少年树立税收法治观念，让青少年在参与中唤醒纳税意识，培育税收文化。根据中宣部、司法部第七个五年规划、《青少年法治教育大纲》和国家税务总局、教育部加强青少年（中、小学生）税法宣传教育的要求，开展青少年税法启蒙教育，树立税收法治观念，培育税收文化，是税务机关应有的职责。

　　近年来，国家税务总局江苏省税务局顺势而为，在全省税务系统全面开展了"税法进校园"活动，对象覆盖大学、中学、小学，社会效益显著，尤其以在全省众多小学中开展的"进校园 说税法"为主题的中队会活动，反响最为热烈，为开展青少年税收启蒙教育进行了很好的探索。为进一步巩固以上工作成果，配合国家税务总局全国税收宣传月活动的开展，我们编写了一本以漫画为主要形式的青少年税收知识读本——《"漫"话税收》。这是江苏税务"税法进校园"工作的一件大事，也是江苏税收文化建设的又一成果！

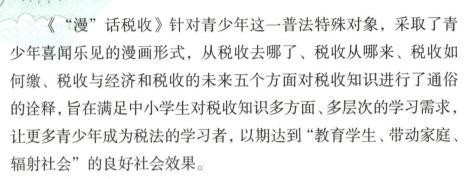

　　《"漫"话税收》针对青少年这一普法特殊对象，采取了青少年喜闻乐见的漫画形式，从税收去哪了、税收从哪来、税收如何缴、税收与经济和税收的未来五个方面对税收知识进行了通俗的诠释，旨在满足中小学生对税收知识多方面、多层次的学习需求，让更多青少年成为税法的学习者，以期达到"教育学生、带动家庭、辐射社会"的良好社会效果。

　　增强全民税收法制观念和纳税人依法诚信纳税意识是一项长期而又艰巨的任务，需要全社会的共同努力，更是税务部门义不容辞的责任。全省各级税务机关将和教育部门共同担负起国民教育体系中税法教育的工作职责。

　　少年志则国志，少年强则国强。青少年是国家未来的主人，也是未来的建设者，更是新时代发展最形象、最生动的代言人。青少年正处于世界观、人生观、价值观形成的关键时期。习近平总书记说，广大青年要在弘扬和践行社会主义核心价值观中勤学、修德、明辨、笃实、爱国、励志、求真、力行。衷心希望《"漫"话税收》的出版能够进一步推进国民税法教育工作的开展，进一步激发广大青少年学习和了解税法的积极性和主动性，从小养成学税、懂税、护税的好习惯，长大以后努力为实现中华民族伟大复兴的中国梦贡献力量！

　　祝青少年朋友们身体健康，学习进步！

编　　者

2020 年 3 月

目 录

一 税收去哪了
弟弟上学啦……001
小伙伴的来信……004
爱心"慈善家"……008
厉害了，我的国……011
人类太空探索里程碑……015
我坐上了"复兴号"……019
敢问"税"在何方……022
一起跳广场舞吧……025

二 税收从哪来
稻谷哪儿去了……030
自行车链条理论……035
年底大盘点……040
这回没藏私房钱……043
买房小算盘……047
绿水青山就是金山银山……051
买车缴税真方便……055
管得宽……059
支持残疾人就业……063

三 税收如何缴

- 税务套餐一键办……………………………………066
- 罚款还是玩具………………………………………071
- 税邮 O2O……………………………………………076
- APP 帮你安排得明明白白…………………………080
- 酒店的那些事儿……………………………………084
- 万能的 12366………………………………………088
- 都是手机惹的"祸"…………………………………092
- 大刘被约谈了………………………………………097
- 法网恢恢，疏而不漏………………………………102

四 税收与经济

- 拉弗曲线……………………………………………107
- 三种价格……………………………………………112
- 好消息………………………………………………117
- 照章办事……………………………………………121
- 个税优惠大礼包……………………………………126
- 大病医疗……………………………………………131
- 居民个人综合所得汇算清缴………………………135
- 营商好环境…………………………………………138
- 一块"走出去"………………………………………142

五 税收的未来

- 做未来税务人………………………………………147
- 做诚信纳税人………………………………………150
- 兴税强国助力中国梦………………………………153

一　税收去哪了

小伙伴的来信
xiao huo ban de lai xin

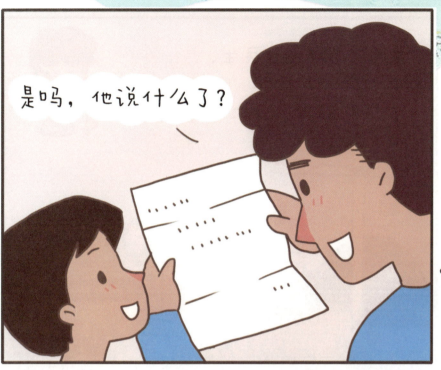

爱心"慈善家"
ai xin "ci shan jia"

厉害了，我的国
Li hai le wo de guo

我国第一艘国产航空母舰山东舰威武入列

不光是航母，还有歼20隐形战斗机、北斗卫星系统等等，东风超音速导弹、这些都处于世界领先地位呢。

我看到网上说，每年投入到国防建设上的钱可是个大数字啊，哪里来这么多钱呀？

人类太空探索里程碑
ren Lei tai kong tan suo Li cheng bei

人类太空探索的里程碑事件

"嫦娥四号"探测器成功着陆月球背面

我坐上了"复兴号"
wo zuo shang le "fu xing hao"

爸爸，今天的火车好帅啊！

这是我国自主研发的"复兴号"。

敢问"税"在何方
gan wen "shui" zai he fang

一起跳广场舞吧
yi qi tiao guang chang wu ba

我去跳广场舞啦

税收——发展和民生的基石

税收知识小课堂

国家运用税收筹集财政收入，按照国家预算安排有计划地用于国家财政支出，为社会提供公共产品和公共服务；发展科学、技术、教育、文化、卫生、环境保护和社会保障等事业；改善人民生活，加强国防和公共安全。税收为国家经济发展、社会稳定和人民生活提供强大物质保障，体现出我国税收本质：取之于民、用之于民。

二 税收从哪来

稻谷哪儿去了
dao gu na er qu le

回家让叔叔给我们补补课。

税收知识小课堂

2006年农业税的取消是改革开放带来的一项巨大成果,意味着在我国沿袭两千年之久的这项传统税收的终结。

目前,我国共有18个税种:增值税、消费税、企业所得税、个人所得税、资源税、环境保护税、城镇土地使用税、房产税、城市维护建设税、耕地占用税、土地增值税、车辆购置税、车船税、印花税、契税、烟叶税、关税、船舶吨税。

自行车链条理论
zi xing che lian tiao li lun

企业要缴多少税并不是简单地用销售额乘以税率来计算。

说具体的。

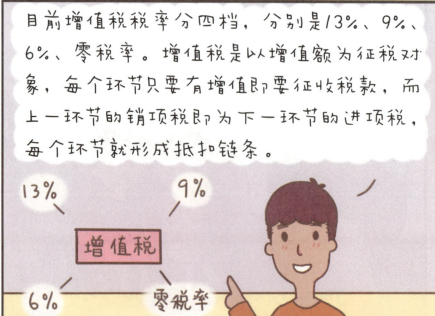

目前增值税税率分四档,分别是13%、9%、6%、零税率。增值税是以增值额为征税对象,每个环节只要有增值即要征收税款,而上一环节的销项税即为下一环节的进项税,每个环节就形成抵扣链条。

税收知识小课堂

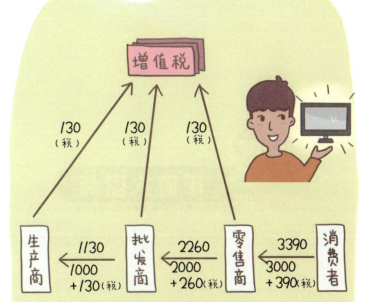

让我们以电视机为例。你买到时是3390元,从生产商卖给批发商是1130元,其中1000元是价格,130元是税款。

批发商卖给零售商是2260元,其中2000元是价格,260元是税,批发商只要交130元税款,因为在上一环节生产商已经交了130元。

零售商再以3390元卖给消费者,其中3000元是价格,390元是税,零售商只要交130元税款,因为在前两个环节生产商和批发商已经交了260元。

这样每个环节就形成抵扣链条。

年底大盘点
nian di da pan dian

一年快忙到头了,最近要理理公司的账目,准备企业所得税的年度申报。

只有当公司盈利了，才缴纳企业所得税，不挣钱就不用交啦！

税收知识小课堂

在中华人民共和国境内，企业和其他取得收入的组织为企业所得税的纳税人，就其所取得的所得依法缴纳企业所得税。

企业的应纳税所得额乘以适用税率，减除规定减免和抵免税额后的余额，为应纳税额。

企业每一纳税年度的收入总额，减除不征税收入、免税收入、各项扣除以及允许弥补的以前年度亏损后的余额，为应纳税所得额。

居民企业的企业所得税税率为25%。

这回没藏私房钱
zhe hui mei cang si fang qian

儿子，爸爸中奖了！

税收知识小课堂

按照现行税收政策的规定，个人购买"福利彩票""体育彩票"的中奖收入属于个人偶然性所得。其个人所得税征免问题规定如下：凡一次中奖收入不超过1万元的，暂免征收个人所得税；超过1万元的，取得的收入额依照20%的税率计算缴纳个人所得税。

买房小算盘
mai fang xiao suan pan

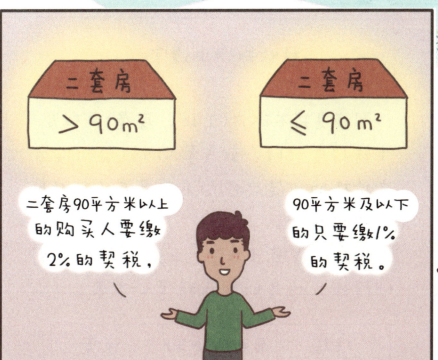

税收知识小课堂

契税是指不动产（土地、房屋）产权发生转移变动时，就当事人所订契约按资产价格的一定比例向产权承受人征收的一次性税收。

目前，我国（北京、上海、广州、深圳除外）住房的契税税率如下表：

住房	面积（平方米）	税率
首套房	>90	1.5%
	≤90	1%
二套房	>90	2%
	≤90	1%
三套及以上	—	3%-5%

绿水青山就是金山银山
Lü shuǐ qīng shān jiù shì jīn shān yín shān

爸爸的工厂

税收知识小课堂

《中华人民共和国环境保护税法》已由中华人民共和国第十二届全国人民代表大会常务委员会第二十五次会议于2016年12月25日通过，自2018年1月1日起实施。

环境保护税是针对在中华人民共和国领域和中华人民共和国管辖的其他海域，直接向环境排放应税污染物（大气污染物、水污染物、固体废物和噪声）的企业事业单位和其他生产经营者征收的税款。

买车缴税真方便
mai che jiao shui zhen fang bian

税收知识小课堂

根据《国家税务总局 公安部关于应用车辆购置税电子完税信息办理车辆注册登记业务的公告》（2019年第18号），自2019年6月1日起在全国推广应用车辆购置税电子完税信息办理车辆注册登记业务。

在中华人民共和国境内购置汽车、有轨电车、汽车挂车、排气量超过一百五十毫升的摩托车（以下统称应税车辆）的单位和个人，为车辆购置税的纳税人，应当依照规定缴纳车辆购置税。

车辆购置税实行一次性征收。购置已征车辆购置税的车辆，不再征收车辆购置税。

车辆购置税的税率为百分之十。

管得宽
guan de kuan

税收知识小课堂

2019年1月1日起,基本养老保险费、基本医疗保险费、失业保险费、生育保险费、工伤保险费等各项社会保险费由税务部门统一征收。

支持残疾人就业
zhi chi can ji ren jiu ye

盲人按摩院

妈妈，张阿姨在做什么？

政府鼓励用人单位安置残疾人就业，对安置不足的，由税务部门征收残疾人就业保障金。

税收知识小课堂

税务部门除承担辖区内各项税收的征管，还承担部分非税收入的征管。目前，江苏省由税务部门征管（代征）的非税收入包括：教育费附加收入、地方教育附加、文化事业建设费、残疾人就业保障金收入、废弃电器电子产品处理基金、可再生能源发展基金、油价调控风险准备金、免税商品特许经营费、城市生活垃圾处理费、城市基础设施配套费等。按照国务院要求，后续还将划转非税收入项目至税务部门征收。

三 税收如何缴

税务套餐一键办
shui wu tao can yi jian ban

小陈,又出去呀?

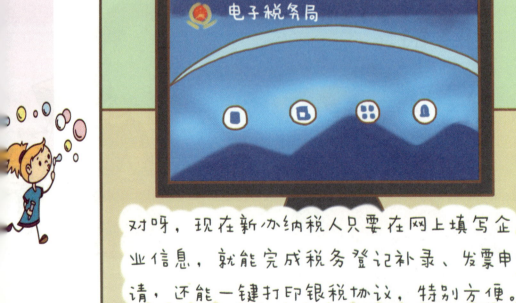

税收知识小课堂

新办企业涉税业务综合办理套餐将新办企业可能涉及的12个事项，整合成一个线上办理流程，实现新办企业全流程线上办理。纳税人可通过江苏电子税务局或江苏政务服务网办理，一次性办理信息确认、信息备案、资格认定等事项申请，在线完成扣缴税款协议签订，并通过自助或邮递方式"不见面"取件。

税务部门还联合市场监管等五部门共建企业开办"全链通"平台，企业可登录江苏政务服务网"全链通"平台，一站式办理企业登记、刻章备案、银行开户、税务套餐等全流程涉企事项。

江苏税务电子税务局网址：
https://etax.jiangsu.chinatax.gov.cn

江苏政务服务网网址：
http://www.jszwfw.gov.cn

罚款还是玩具
fa kuan hai shi wan ju

8月
15
弟弟生日

税收知识小课堂

　　增值税纳税人以1个月或1个季度为纳税期的，自期满之日起15日内申报纳税，纳税申报期最后一日为法定节假日的，顺延1日；在期限内有连续3日以上法定休假日的，按休假日天数顺延。

税邮O2O
shui you O2O

您的快递到了。

税收知识小课堂

税务局通过设立发票配送中心，实现发票领用、代开等发票业务事项的"线上快捷申请、订单式智能处理、自动发放打印、集中物流配送"O2O服务流程，进一步探索实现基于电子税务局升级版和税邮合作框架下的"离厅办理"纳税服务新业态。

APP帮你安排得明明白白
APP bang ni an pai de ming ming bai bai

税收知识小课堂

2018年12月31日，由国家税务总局开发的个人所得税APP软件的专项附加扣除信息填报功能正式上线使用，支持人脸识别认证注册模式和办税服务厅注册码注册模式。

该系统的互联网WEB端、扣缴客户端和税务大厅端的专项附加扣除信息填报功能也同时向社会开放。

酒店的那些事儿
jiu dian de na xie shi er

夫人,我会议结束了,准备返程,还给你带礼物了呢。

礼物可以有,但别忘了开住宿发票回公司入账。

税收知识小课堂

开票小助手：使用微信"发票助手"或支付宝手机"发票管家"，输入"企业名称""纳税人识别号""地址、电话""开户行及账号"等发票信息，自动生成开票二维码。

税收知识小课堂

12366纳税服务热线是国家税务总局为适应加强和改进纳税服务工作的需要，于2001年向国家信息产业部申请核批的全国税务机关特服电话，采用人工与自动语音相结合，全天候多功能优质化地提供语音服务。

都是手机惹的"祸"
dou shi shou ji re de "huo"

今日事今日毕,做完作业再看剧。

税收知识小课堂

纳税人参加培训辅导的途径有：1.纳税人学堂线下实体培训班；2.线上纳税人学堂；3.办税服务厅咨询辅导区"小班化"教学；4.税务局微信公众号"微课堂"；5.税务工作人员上门辅导等。

其中，为宣传税法知识，加强对纳税人的辅导培训，税务局定期举办税收知识培训辅导，实施"实体"+"网络"的双轨教学模式。实体课堂定期开展专题税收政策讲座，提供"面对面"的培训辅导和现场答疑，网络学堂则主要提供视频直播的在线学习，视频课件、教学课件的下载服务。

大刘被约谈了
da liu bei yue tan le

税收知识小课堂

税务约谈是税务局评估程序中常用的一种检查方式,经数据分析初步认定企业存在涉税风险点的,按一定程序进行税务约谈,要求纳税人在约定的时间到税务局,就涉税风险点进行陈述说明并提供举证。经约谈认定没有偷税等违法嫌疑的,提醒企业自行改正;发现需要进一步检查的,可采用账簿检查、实地检查等方式进一步开展检查;发现有偷税等严重违法嫌疑的,移交稽查部门进行处理。

大数据分析是指税务局归集海量的税收业务数据、第三方数据和互联网数据,通过加工处理,形成税收大数据资源库。依托税收大数据资源库,税务局通过专业化的分析工具,构建风险指标模型,对纳税人进行多维度扫描分析,识别定位风险纳税人,进而通过风险应对,消除风险,促进税法遵从。

法网恢恢,疏而不漏
fa wang hui hui, shu er bu lou

唉，去年他还请我去帮着辅导一下财务知识的。当时我就提醒他不做假账、诚信纳税。

听说会被判刑啊，有这么严重吗？

偷税漏税

大刘通过做假账，接受虚开发票等手段，隐瞒收入，一直进行零申报。一整年一分钱税款都没缴，偷税数额巨大。这次肯定要被罚款，如果他再不悔改可是要被追究刑事责任的！

我一定要引以为戒，做诚信纳税人。

税收知识小课堂

《税收征管法》第六十三条规定：

纳税人伪造、变造、隐匿、擅自销毁账簿、记账凭证，或者在账簿上多列支出或者不列、少列收入，或者经税务机关通知申报而拒不申报或者进行虚假的纳税申报，不缴或者少缴应纳税款的，是偷税。纳税人偷税的，由税务机关追缴其不缴或者少缴的税款、滞纳金，并处不缴或者少缴的税款百分之五十以上五倍以下的罚款；构成犯罪的，依法追究刑事责任。

扣缴义务人采取前款所列手段，不缴或者少缴已扣、已收税款，由税务机关追缴其不缴或者少缴的税款、滞纳金，并处不缴或者少缴的税款百分之五十以上五倍以下的罚款；构成犯罪的，依法追究刑事责任。

四　税收与经济

拉弗曲线
La fu qu xian

第一个概念"拉弗曲线"。

我知道,拉弗是美国著名经济学家。

税收知识小课堂

拉弗曲线：一般情况下，提高税率能增加政府税收收入。但税率的提高超过一定的限度时，企业的经营成本提高，投资减少，收入减少，即税基减小，反而导致政府的税收减少，如下图。

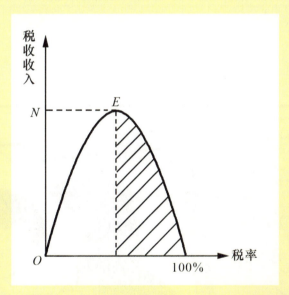

三种价格
san zhong jia ge

税收知识小课堂

增值税专用发票上分别列出金额、税额及合计数，购买货物是按照合计数支付的，认证抵扣的数据是"税额"。

金额+税额=价税合计，应纳税额=销项税额-进项税额。

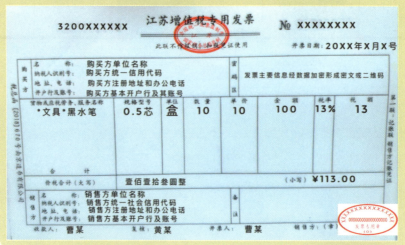

好消息
hao xiao xi

听说了吗，增值税的税率降了！
这真是个好消息呀。

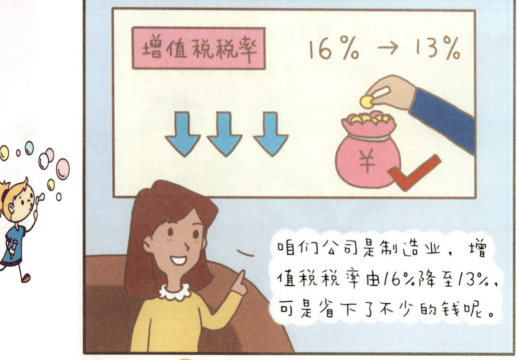

税收知识小课堂

近年来我国增值税税率变化情况

2017 — 7月1日增值税税率有四档，分别为17%、13%、6%和零税率

2018 — 5月1日增值税税率下调一个点，17%降到16%，13%降到11%，6%和零税率不变

2019 — 4月1日增值税税率调整，制造业等行业适用的税率从16%降至13%，将交通、建筑等行业适用税率从10%降到9%

现有增值税体系下，制造业，销售或进口货物（除农产品等特殊货物外）适用税率为13%；交通运输业、基础电信服务、建筑业、不动产业适用税率为9%；金融业、鉴证咨询等现代服务业、餐饮、酒店、旅游等适用税率为6%。

照章办事
zhao zhang ban shi

税收知识小课堂

2019年1月1日至2021年12月31日，小规模纳税人发生增值税应税销售行为，合计月销售额未超过10万元（以1个季度为1个纳税期的，季度销售额未超过30万元）的，免征增值税。

个税优惠大礼包
ge shui you hui da li bao

我家大宝5周岁,二宝3周岁,两个孩子上学,我工资快不够花啦。

税收知识小课堂

 子女教育	 每个子女每月可扣1000元
 继续教育	 学历（学位）教育48个月内每月可扣400元；资格证书的当年可扣3600元
 大病医疗	 累计超过15000元的部分，年度汇算清缴时，在80000元限额内据实扣除

住房贷款利息　240个月内每月可扣1000元

住房租金　每月最高可扣1500元

赡养老人　爸爸和叔叔分摊，每人每月可扣1000元

大病医疗
da bing yi liao

税收知识小课堂

在一个纳税年度内，纳税人发生的与基本医保相关的医药费用支出，扣除医保报销后个人负担（指医保目录范围内的自付部分）累计超过15000元的部分，由纳税人在办理年度汇算清缴时，在80000元限额内据实扣除。

居民个人综合所得汇算清缴
ju min ge ren zong he suo de hui suan qing jiao

陈董,听说你还兼任了其他公司的董事?

是啊,今年公司发给我的年薪是10万元,另一家公司年薪是5万元。

税收知识小课堂

2019年1月1日至2020年12月31日，纳税人年度汇算需补税但年度综合所得收入不超过12万元的，或者年度汇算清缴补税金额不超过400元的，居民个人可免于办理个人所得税综合所得汇算清缴。居民个人取得综合所得时存在扣缴义务人未依法预扣预缴税款的情形除外。

营商好环境

税收知识小课堂

营商环境是指伴随企业活动整个过程（包括从开办、营运到结束的各环节）的各种周围境况和条件的总和。

为深入贯彻落实党中央、国务院优化营商环境决策部署，加快税收便利化改革成果转化，进一步推进税收营商环境的优化，切实提高税收服务经济高质量发展水平，国家税务总局制定了《全国税务系统进一步优化税收营商环境行动方案（2018年—2022年）》。

一块"走出去"
yi kuai "zou chu qu"

老公,文静的公司迎上"一带一路"的春风,将业务拓展到了哈萨克斯坦,她要去技术指导啦。

税收知识小课堂

税务总局——贡献中国税务力量，助力"一带一路"建设

一、谈签税收协定，保障"走出去"纳税人权益。积极推进税收协定谈签工作（含与香港、澳门和台湾地区的安排和协议）已经延伸到全球111个国家和地区。积极开展涉税争议案件相互协商，有效避免和消除国际重复征税。

二、举办合作会议，推动"一带一路"税收合作。2018年5月14日至16日，中国国家税务总局与哈萨克斯坦国家收入委员会、经济合作与发展组织有关机构成功举办"一带一路"税收合作会议，会议通过并发布了《阿斯塔"一带一路"税收合作倡议》。

三、国家对"2025中国制造"企业、"走出去"企业、服务"一带一路"发展税收优惠政策主要有增值税免税及零税率、出口退税、所得税减抵免及税收协定等方面。利用税收优惠政策鼓励创业创新，增强企业防范与化解能力，切实减轻制造业企业税收负担。

五 税收的未来

做未来税务人
zuo wei lai shui wu ren

税收知识小课堂

当前，5G网络和AI智能技术正在迅猛发展。科技的发展必然带动税收管理和服务的全方位变革。有了5G网络的支撑，纳税人和税务工作人员可以足不出户进行身临其境的互动沟通；运用AI智能技术，机器人将成为税收管理和服务的有力辅助力量。

做诚信纳税人
zuo cheng xin na shui ren

税收知识小课堂

纳税信用级别分为A、B、M、C、D五级。税务部门为A级纳税人提供办税绿色通道；优先安排办理出口退税；增值税专用发票一次性可领取3个月用量等多项服务。同时，A级纳税人在招投标、政府采购、融资等领域可享受优先考虑激励措施，真正实现守信企业"一路畅通"。

兴税强国助力中国梦
xing shui qiang guo zhu li zhong guo meng

图书在版编目(CIP)数据

"漫"话税收 / 国家税务总局江苏省税务局编著. 南京：东南大学出版社，2020.4
　ISBN 978-7-5641-8875-7

　Ⅰ.①漫… Ⅱ.①国… Ⅲ.①税收管理－中国－通俗读物 Ⅳ.① F812.423-49

中国版本图书馆 CIP 数据核字 (2020) 第 061465 号

"漫"话税收（"Man" hua Shuishou）

编　　著	国家税务总局江苏省税务局
插图绘制	邱　玥
出版发行	东南大学出版社
社　　址	南京市四牌楼 2 号　邮编：210096
出 版 人	江建中
经　　销	全国各地新华书店
印　　刷	南京千字文印务有限公司
版　　次	2020 年 4 月第 1 版
印　　次	2020 年 4 月第 1 次印刷
开　　本	700 mm × 1000 mm　1/16
印　　张	10.25
字　　数	249 千
书　　号	ISBN 978-7-5641-8875-7
定　　价	35.80 元

本社图书若有印装质量问题，请直接与营销部联系。电话（传真）：025-83791830